I0796316

DESCUBRE LOS PLANETAS

La Tierra

Alexis Roumanis

LIGHTBOX
openlightbox.com

Entre a
www.openlightbox.com
e ingrese el código único
de este libro.

CÓDIGO DE ACCESO

LBX26954

Lightbox es una completa solución digital para enseñar y aprender temas curriculares de una manera original e innovadora. Lightbox se basa en las Normas Curriculares Nacionales.

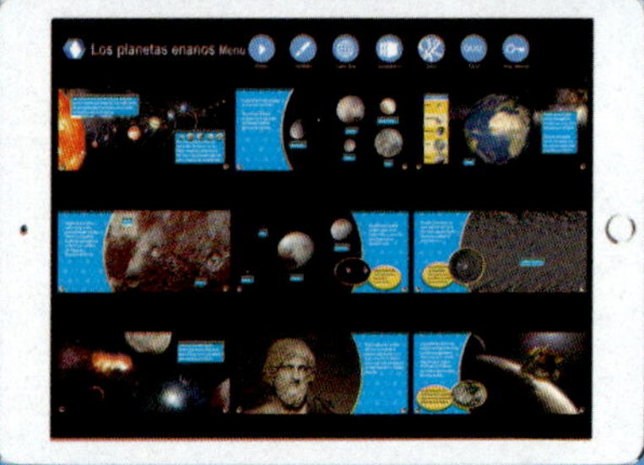

OPTIMIZADO PARA

- ✓ **TABLETAS**
- ✓ **PIZARRAS ELECTRÓNICAS**
- ✓ **COMPUTADORAS**
- ✓ **¡Y MUCHO MÁS!**

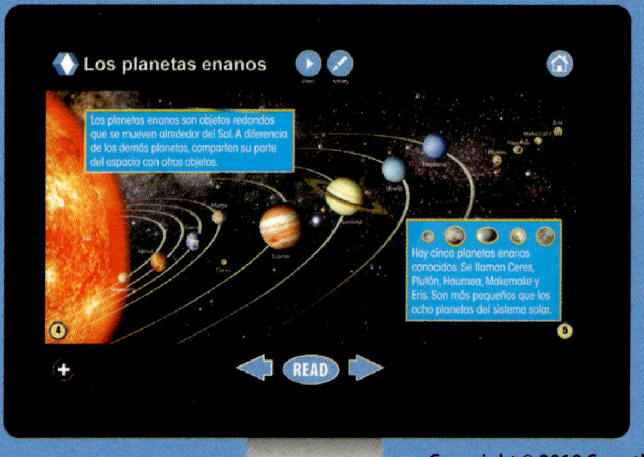

CARACTERÍSTICAS ESTÁNDAR DE LIGHTBOX

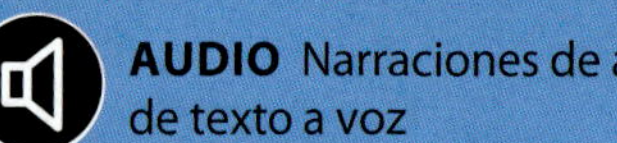
AUDIO Narraciones de alta calidad con sistema de texto a voz

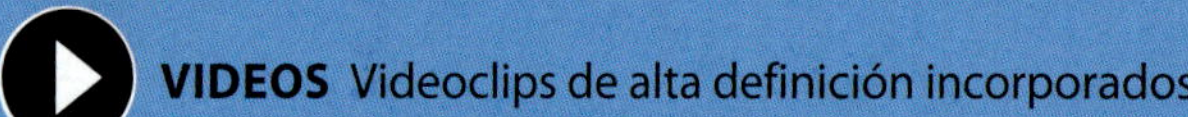
VIDEOS Videoclips de alta definición incorporados

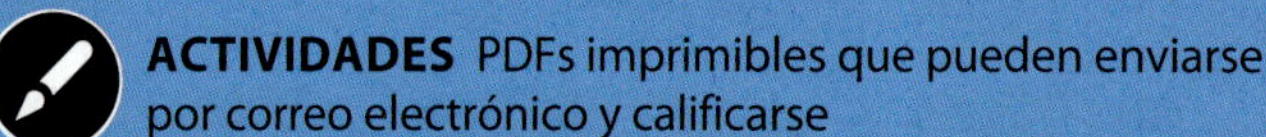
ACTIVIDADES PDFs imprimibles que pueden enviarse por correo electrónico y calificarse

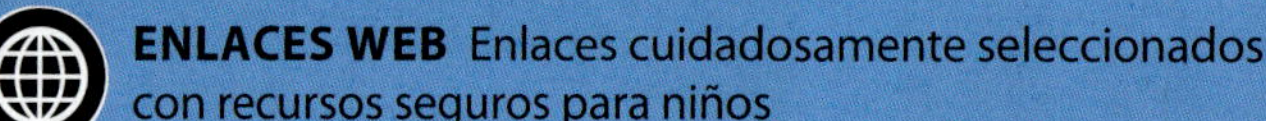
ENLACES WEB Enlaces cuidadosamente seleccionados con recursos seguros para niños

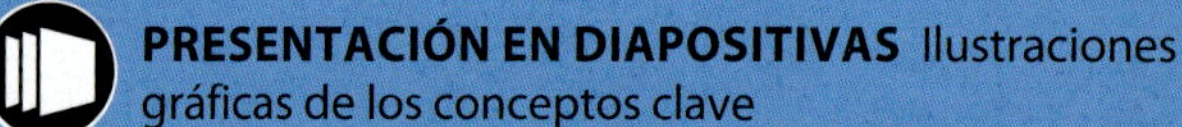
PRESENTACIÓN EN DIAPOSITIVAS Ilustraciones gráficas de los conceptos clave

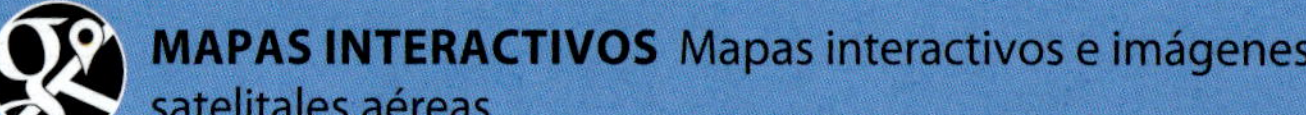
MAPAS INTERACTIVOS Mapas interactivos e imágenes satelitales aéreas

QUIZ **CUESTIONARIOS** Diez preguntas de elección multiple con puntaje automático que se envían por correo electrónico al docente para su evaluación

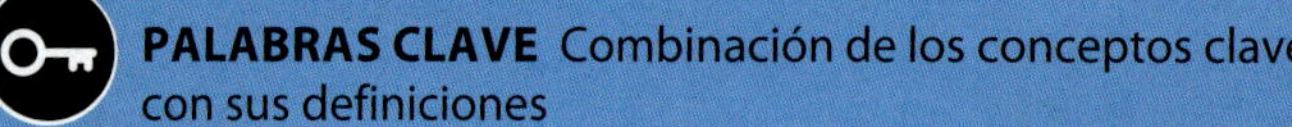
PALABRAS CLAVE Combinación de los conceptos clave con sus definiciones

VIDEOS

ENLACES WEB

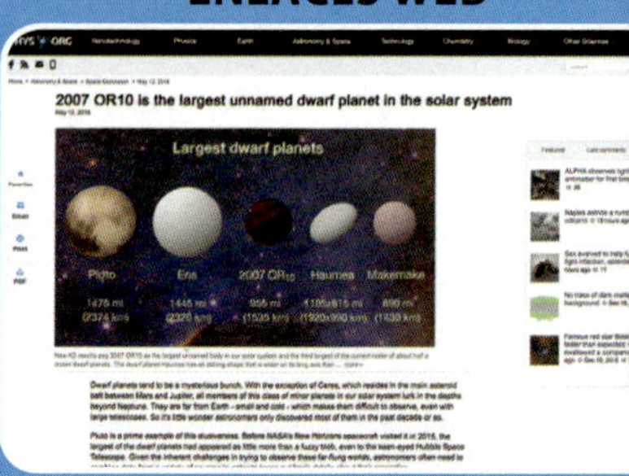

PRESENTACIÓN EN DIAPOSITIVAS

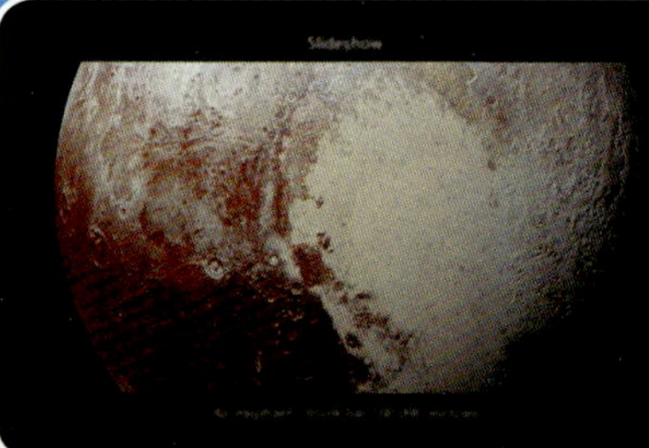

CUESTIONARIOS

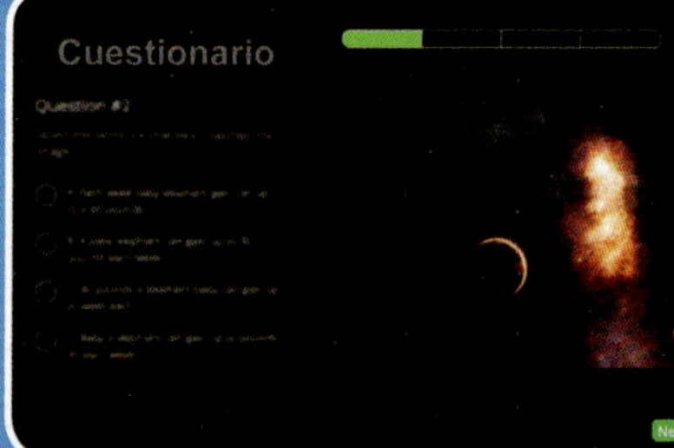

DESCUBRE LOS PLANETAS

La Tierra

En este libro aprenderás

dónde se encuentra

cómo es

cómo aprendemos sobre la Tierra

¡y mucho más!

Marte
Tierra
Sol
Venus
Júpiter
Ceres
Mercurio

La Tierra es un planeta que se mueve alrededor del Sol. La Tierra es el tercer planeta desde el Sol.

La Tierra es el único planeta conocido que tiene océanos de agua. A veces se la llama el Planeta Azul. Los océanos hacen que se vea azul.

Venus

La Tierra es el cuarto planeta más pequeño del sistema solar. Tiene casi el mismo tamaño que Venus.
Tierra

La Tierra es un planeta rocoso. Está formado por rocas, agua y hielo. La superficie rocosa de la Tierra se llama corteza.

Luna

Tierra

La Tierra tiene una luna. Es la quinta luna más grande del sistema solar. La Tierra es casi cuatro veces más grande que la luna.

Los astronautas han explorado la superficie lunar. La primera vez que una persona caminó en la luna fue en 1969.

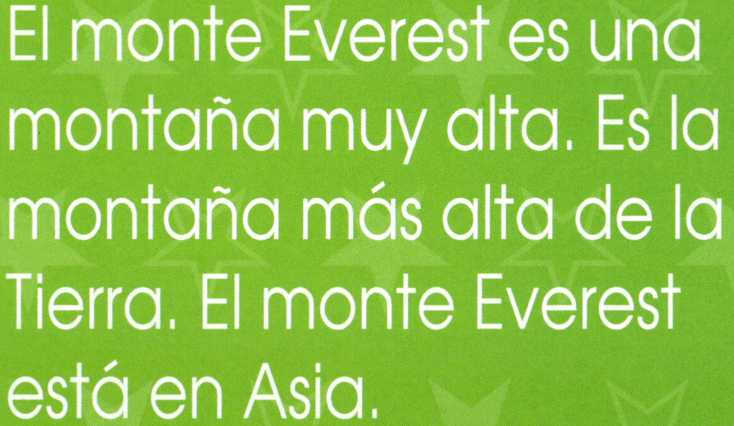

El monte Everest es una montaña muy alta. Es la montaña más alta de la Tierra. El monte Everest está en Asia.

Sir Edmund Hillary y Tenzing Norgay fueron las primeras personas en escalar el monte Everest en 1953.

En la Tierra, existen diferentes tipos de vida. No se sabe si hay vida en los demás planetas. El agua de la Tierra es necesaria para que haya vida terrestre y submarina.

La palabra Tierra significa suelo. Se usó por primera vez hace 1.000 años en Inglaterra. Con el tiempo, Tierra se convirtió en el nombre del planeta.

Una estación espacial es un vehículo que se mueve alrededor de la Tierra. Hay astronautas que viven y trabajan en la *Estación Espacial Internacional*, que estudia a la Tierra desde el espacio.

Los astronautas viajan a la *Estación Espacial Internacional* en un cohete que sale desde Baikonur, Kazajistán.

DATOS SOBRE LA TIERRA

Estas páginas contienen más detalles sobre los interesantes datos de este libro. Están dirigidas a los adultos, como soporte, para que ayuden a los jóvenes lectores a redondear sus conocimientos sobre cada planeta presentado en la serie *Descubre los planetas*.

Páginas 4–5

La Tierra es un planeta. Los planetas son objetos redondos que se mueven, u orbitan, alrededor de una estrella y tienen la suficiente masa para apartar a los objetos más pequeños de sus órbitas. Los planetas enanos comparten su parte del espacio con otros objetos. El sistema solar de la Tierra tiene ocho planetas, cinco planetas enanos conocidos y muchos otros objetos espaciales que orbitan alrededor del Sol. La Tierra está a 93 millones de millas (150 millones de kilómetros) del Sol. La Tierra tarda 365 días en dar una vuelta alrededor del Sol.

Páginas 6–7

La Tierra es el único planeta conocido que tiene océanos de agua. Desde el espacio, la Tierra se ve como una canica azul. Tiene remolinos blancos y áreas marrones, amarillas y verdes. Las partes azules de la Tierra es agua. Los remolinos blancos son nubes o áreas cubiertas de hielo y nieve. Los parches marrones, amarillos y verdes son zonas de tierra. Hay granjas y ciudades que pueden verse desde el espacio.

Páginas 8–9

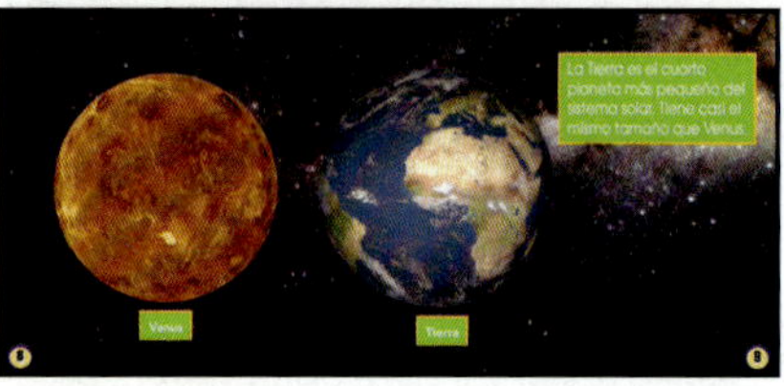

La Tierra es el cuarto planeta más pequeño del sistema solar. Es apenas más grande que el planeta Venus. La gravedad es una fuerza que atrae a los objetos hacia el centro de un planeta. La gravedad varía según el planeta por la diferencia de tamaño y masa. La fuerza de gravedad de la Tierra es similar a la de Venus. Un objeto que en la Tierra pesa 100 libras (45 kilogramos), pesaría 91 libras (41 kg) en Venus.

Páginas 10–11

La Tierra es un planeta rocoso. Aproximadamente el 75 por ciento de la superficie terrestre está cubierta de agua y el 10 por ciento, de hielo. El resto del planeta está cubierto por la corteza terrestre. Los expertos creen que el centro de la Tierra, llamado núcleo, tiene un interior sólido. El núcleo está rodeado por una capa líquida o viscosa llamada manto.

Páginas 12–13

La Tierra tiene una luna. En promedio, se encuentra a aproximadamente 238.855 millas (384.400 km) de la Tierra. La atracción de la luna hace que las aguas de los océanos suban y bajen. Esto se llama marea alta y marea baja. El 20 de julio de 1969, el astronauta estadounidense Neil Armstrong fue la primera persona que pisó la superficie de la luna. Desde entonces, 12 personas en total han caminado por la luna.

Páginas 14–15

El monte Everest es una montaña muy alta. Mide 29.029 pies (8.848 m) de altura. El monte Everest se encuentra en la cordillera del Himalaya, entre Nepal y el Tíbet. Los indígenas tibetanos lo llaman *Chomolungma*. Este nombre significa "Diosa Madre de las Montañas". Sir Edmund Hillary y Tenzing Norgay solo estuvieron 15 minutos en la cima del monte Everest.

Páginas 16–17

En la Tierra, existen diferentes tipos de vida. La Tierra no se parece a ningún otro planeta del sistema solar. Está compuesta por tierra, aire y agua. Todos estos elementos permiten que haya vida. Las plantas y los animales pueden sobrevivir en la Tierra porque es una zona habitable. Esto significa que, a diferencia de los demás planetas, en la Tierra puede haber vida porque no hace ni demasiado frío ni demasiado calor.

Páginas 18–19

La palabra Tierra significa suelo. Todos los planetas menos la Tierra tienen nombre de algún dios o diosa de Grecia o Roma. El nombre "Tierra" tiene al menos 1.000 años de antigüedad y viene de una palabra del inglés antiguo que significa "suelo". Este término también se utiliza en muchos otros idiomas, como el portugués, holandés y español.

Páginas 20–21

Una estación espacial es un vehículo que se mueve alrededor de la Tierra. La *Estación Espacial Internacional (ISS)* se lanzó en 1998. Da una vuelta alrededor de la Tierra cada 92 minutos. La *ISS* se utiliza como laboratorio científico y como puerto para todas las naves espaciales del mundo. Desde la primera expedición, en octubre de 2000, 225 personas han viajado a la *ISS*. La han visitado 50 tripulaciones y se planea hacer muchas más expediciones en el futuro.

Published by Smartbook Media Inc.
350 5th Avenue, 59th Floor New York, NY 10118
Website: www.openlightbox.com

Library of Congress Control Number: 2017961915

ISBN 978-1-5105-3336-3 (hardcover)
ISBN 978-1-5105-3337-0 (multi-user eBook)

Printed in the United States of America in Brainerd, Minnesota
1 2 3 4 5 6 7 8 9 0 22 21 20 19 18

012018
011518

Spanish Project coordinator: Sara Cucini
Spanish Editor: Translation Services USA
English Project coordinator: Katie Gillespie
Art Director: Terry Paulhus

Every reasonable effort has been made to trace ownership and to obtain permission to reprint copyright material. The publisher would be pleased to have any errors or omissions brought to its attention so that they may be corrected in subsequent printings.

The publisher acknowledges Alamy, Getty Images, iStock, and NASA as its primary image suppliers for this title.